L'ÉDITION DE L'*UNION ÉCONOMIQUE DE L'EST*

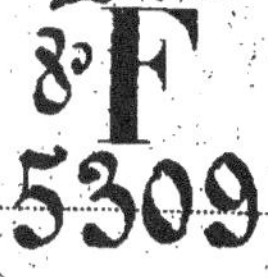

IMPÔTS NOUVEAUX

BUDGET ORDINAIRE 1918

SERVICES CIVILS

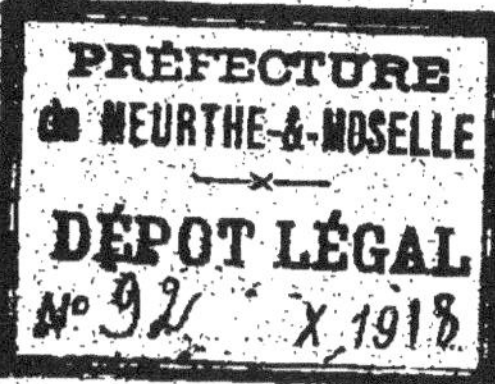

LOI DU 29 JUIN 1918

ANNOTÉE

LIBRAIRIE ADMINISTRATIVE BERGER-LEVRAULT

PARIS
5-7, Rue des Beaux-Arts

NANCY
Rue des Glacis, 18

1918

Prix net : 60 centimes

PETITE BIBLIOTHÈQUE ÉCONOMIQUE

IMPOTS NOUVEAUX

BUDGET ORDINAIRE 1918. — Services civils

LOI

du 29 Juin 1918 (1)

Prix : 0 fr. 60

à l'*IMPRIMERIE-LIBRAIRIE BERGER-LEVRAULT*

Nancy - Paris

SOMMAIRE :

I. — *IMPOTS DIRECTS*. — **Taxe de guerre**

Taxe sur les hommes mobilisables (J. O. 31-12-16, p. 11209)

Art. 5. — Sont exemptés de la **taxe exceptionnelle de guerre**, instituée par l'article 6 de la loi du 30 décembre 1916, les personnels divers embarqués autrement que comme passagers sur les **navires de commerce** pourvus d'un armement défensif, quel que soit leur emploi à bord.

Biens de main-morte

Art. 6. — A partir du 1er **janvier 1918,** la taxe annuelle représentative des **droits de transmission entre vifs et par décès,** établie en vertu de la loi du 20 février 1849 (art. 1er),

(1) Les articles 2, 3, 4, se rapportant à l'Impôt global sur les Revenus, sont donnés, avec barêmes, dans notre brochure spéciale : **Impôts sur les Revenus.** — Prix : **1** fr. **25.**

modifiée par les lois du 31 mars 1903 (art. 2), du 26 décembre 1908 (art. 3). et 30 juillet 1913 (art. 2) (1), sera calculée à raison de **deux cent soixante centimes par franc** du principal de la contribution foncière des propriétés bâties et non bâties.

Toutefois, ce taux sera **réduit à cent soixante-dix centimes par franc** en ce qui concerne : 1° les biens appartenant aux **départements, communes** et établissements publics **d'assistance** et de **bienfaisance,** visés par l'article 2 de la loi du 30 juillet 1913, ainsi qu'aux sociétés, fondations et offices **d'habitations à bon marché** constitués conformément aux lois des 12 avril 1906, 10 avril 1908 et 23 décembre 1912 ; 2° les biens appartenant à des établissements d'utilité publique dont les ressources sont exclusivement affectées à des œuvres d'assistance et de bienfaisance et en tant seulement que ces biens ont été affectés et continuent d'être affectés réellement à ces œuvres.

Poids et mesures

Art. 7. — A partir du premier jour du premier mois qui suivra la date du décret prévu ci-après, les **poids, mesures et instruments de pesage et de mesurage,** neufs ou rajustés, soumis au contrôle des vérificateurs des poids et mesures, acquitteront une **taxe de vérification première** dont le taux sera établi par décret rendu après avis du bureau national des poids et mesures.

Ce décret pourra prévoir des **réductions de taxes** en faveur des instruments destinés à être **exportés** à l'étranger, dans les colonies françaises ou pays de protectorat, ainsi que pour ceux qui auraient été refusés au contrôle.

Art. 8. — Des décrets, rendus dans la même forme, fixeront, à partir du 1er janvier 1919 :

1° La **composition des séries** de poids et de mesures dont les assujettis doivent être pourvus d'après la nature des opérations auxquelles ils se livrent ;

2° La **quotité** des nouvelles taxes de vérification périodique et applicables aux poids et mesures ainsi qu'aux instruments de pesage et de mesurage actuellement en usage.

Ces nouvelles taxes ne pourront dépasser, dans l'ensemble, le **triple** des taxes actuelles.

II. — *AUTRES IMPOTS ET REVENUS*

Enregistrement des actes sous seings privés

Art. 12. — Doivent être **enregistrés** dans le délai **de trois mois** à compter de leur date, tous les **actes sous seings privés,** constatant des **conventions synallagmatiques,** autres que ceux visés par l'article 22 de la loi du 11 juin 1859 (2), qui ne sont pas assujettis par les lois existantes à l'enregistrement dans un délai déterminé.

En cas de contravention, chacune des parties sera tenue personnellement et sans recours, nonobstant toute stipula-

---

(1) J. O. 31-6-13, p. 6774. *Cette taxe était de 170 centimes pour propriétés bâties et 103 centimes pour propriétés non bâties.*

(2) *Ceux-ci sont les marchés et traités réputés actes de commerce par les articles 632, 633, 634, n° 1 du code de commerce.*

tion contraire, d'un droit en sus qui ne pourra pas être inférieur à 50 fr. en principal.

Toutefois, la partie à la charge de laquelle aucune portion des droits ne doit définitivement rester, peut s'affranchir du droit en sus qui lui est personnellement imposé, ainsi que du paiement immédiat du droit simple, en **déposant l'acte** avant **l'expiration du quatrième mois** à compter de sa date dans l'un des bureaux désignés à l'article qui suit (1).

Art. 13. — L'**enregistrement** des **actes sous seings privés,** soumis obligatoirement à cette formalité, tant par l'article qui précède que par les lois antérieures, aura lieu, pour les actes portant transmission de propriété, d'usufruit ou de jouissance de biens immeubles, de fonds de commerce, ou de clientèle, au **bureau** de la situation des **biens,** et, pour tous les autres actes, au bureau du domicile de l'une des parties contractantes.

Art. 14. — Les parties qui rédigeront un acte sous seings privés soumis à l'enregistrement dans un délai déterminé, soit par l'article 12 de la présente loi, soit par les lois antérieures, devront en établir un **double sur papier timbré** revêtu des mêmes signatures que l'acte lui-même et qui restera déposé au bureau de l'enregistrement lorsque la formalité sera requise.

Droits d'enregistrement d'actes civils et commerciaux

Art. 15. — Le droit de 0, 20 % édicté par l'article 19 de la loi du 28 avril 1893 et par l'article 5 de la loi du 22 avril 1905 pour les actes désignés dans l'article 1er de la loi du 28 février 1872 (2), est porté à **1 %** sans addition de décimes, sauf en ce qui concerne les partages et les consentements à main-levée d'hypothèque qui seront assujettis à un droit de **0,50 %** sans addition de décimes.

Assurances sur la vie

Art. 16. — Tout contrat d'**assurance** sur la **vie** ou de **rente viagère,** passé par les sociétés, compagnies d'assurances et tous autres assureurs, ainsi que tout acte ayant exclusivement pour objet la formation, la modification ou la résiliation amiable de ces contrats, est soumis à une **taxe annuelle et obligatoire,** moyennant le paiement de laquelle la formalité de l'enregistrement sera donnée gratis toutes les fois qu'elle sera requise.

La taxe est fixée à **1,25 %**, sans décimes, du total des ver-

(1) *Il est intéressant de souligner ici le vœu émis, dans sa séance du 3 juin 1918, par l'Assemblée des présidents des Chambres de Commerce de France, et adopté par le Sénat. Grâce à cette intervention, les* marchés *et* traités *réputés actes de commerce continueront à bénéficier de l'enregistrement provisoire au droit fixe de 2 francs ; alors que, selon le texte proposé par le Ministre des Finances et adopté sans discussion par la Chambre des Députés, ces actes auraient été passibles d'enregistrement obligatoire aux taux de 1 franc et 2 francs par 100 francs* (Loi du 22 frimaire, an VII).

(2) *Dont certains actes de formation et prorogation de sociétés, de translation d'immeubles à l'étranger et dans les colonies, de vente de marchandises avariées par naufrage, de partage de meubles et immeubles, de consentement à main-levée d'hypothèques, d'adjudications et marchés publics.*

sements faits chaque année à ces sociétés, compagnies et assureurs.

Ne sont pas assujettis à la taxe:

1° Les contrats enregistrés avant le **1er juillet 1918** et les contrats exempts de droit d'enregistrement d'après les lois en vigueur;

2° Les sommes reçues dans les agences à l'**étranger** pour les contrats souscrits dans lesdites agences par des personnes domiciliées à l'étranger, sauf enregistrement au comptant de ces contrats en cas d'usage en France;

3° Les contrats de **réassurances**, lorsque la taxe est payée par l'assureur primitif.

La **taxe sera perçue** pour le compte du Trésor par les sociétés, compagnies et assureurs dans les délais et suivant les formes déterminées par les articles 5, 6, 7, 8 et 10 du règlement d'administration publique du 25 novembre 1871. Il ne sera pas tenu compte des encaissements et annulations de primes échues antérieurement à la présente loi.

Les dispositions qui précèdent sont applicables aux sociétés, compagnies d'assurances et **assureurs étrangers** qui feront des opérations en France, soit directement, soit indirectement. Ceux de ces assureurs, sociétés et compagnies qui sont déjà établis en France, devront, dans les **trois mois** de la promulgation de la présente loi, faire agréer un **représentant français** responsable de la nouvelle taxe.

Assurances accidents corporels et matériels

Art. 17. — Les dispositions de l'article 16 de la présente loi s'appliqueront, à partir du **1er juillet 1918**, aux sociétés, compagnies d'assurances et tous autres **assureurs** contre les **accidents corporels** ou les accidents ou risques **matériels**.

Le taux de la **taxe annuelle** et obligatoire représentative des droits d'enregistrement est fixé à **1.25 %** sans addition de décimes, du total des versements faits chaque année à ces sociétés, compagnies et autres assureurs.

Art. 18. — Lorsqu'un Français, domicilié en France, souscrit, à l'étranger, une **assurance** sur la **vie**, un contrat de rente **viagère** ou une assurance contre les **accidents** corporels ou contre les accidents matériels auprès d'une **compagnie étrangère,** il est tenu:

1° De passer au bureau de l'enregistrement de son domicile, dans les **trois mois** à compter de la date de la police, une **déclaration** faisant connaître la date de la police, la compagnie ou l'assureur avec lequel l'assurance ou la rente a été contractée, le montant du capital assuré ou de la rente, le montant de la prime, unique ou annuelle, la date stipulée pour le paiement des primes, les nom et domicile de la personne sur la tête de laquelle l'assurance ou la rente a été contractée, les nom et domicile du bénéficiaire désigné, l'époque à laquelle le capital ou la rente a été stipulé payable:

2° D'**acquitter chaque année,** dans les trois mois à compter de l'échéance stipulée pour chaque prime, au bureau de l'enregistrement qui a reçu la déclaration, la **taxe d'abonnement** représentative des droits d'enregistrement édictés par les articles qui précèdent.

Timbre de dimension. — Papiers timbrés

Art. 19. — L'article 8, paragraphe premier, de la loi du 13 brumaire, an VII, est modifié comme suit

« La feuille de grand registre, **six francs** ; grand papier, **quatre francs** ; moyen papier, **trois francs** ; petit papier, **deux francs** ; la demi-feuille de petit papier, **un franc.**

« Ces droits ne sont pas sujets aux décimes. »

Abonnement au timbre pour assurances diverses

(Incendies, mortalité du bétail, grêle, inondations, risques agricoles, rente viagère, assurance-vie, accidents corporels et matériels.)

Art. 20. — Le taux de la **taxe annuelle** et obligatoire d'abonnement au timbre, à laquelle les contrats d'**assurances** contre l'**incendie** sont soumis par l'article 8 de la loi du 29 décembre 1884, est élevé à **7 centimes par 1.000 fr.** du total des sommes assurées pour les **assurances à primes** et à **5 centimes par 1.000 fr.** pour les assurances **mutuelles**, sans addition de décimes.

Le taux de la taxe annuelle et obligatoire d'abonnement au timbre, à laquelle les **caisses départementales** administrées gratuitement, ayant pour but d'indemniser ou de secourir les incendiés au moyen de collectes, sont soumises par les articles 37 de la loi du 5 juin 1850 et 8 de la loi du 29 décembre 1884, est élevé à 2 % du total des **collectes** de l'année, sans addition de décimes.

Le taux de la taxe annuelle et facultative d'abonnement au timbre, établie pour les sociétés, compagnies **d'assurances** et tous autres assureurs contre la **mortalité des bestiaux**, contre la **gelée**, les **inondations** et autres **risques agricoles** par la loi du 9 mai 1860, et par l'article 18 de la loi du 2 juillet 1862, est élevé à **6 centimes par 1.000 fr.** du total des sommes **assurées**, sans addition de décimes.

Le taux de la taxe annuelle et obligatoire d'abonnement au timbre, à laquelle les contrats d'assurances et les contrats de **rente** viagère passés par les sociétés, compagnies d'assurances et tous autres **assureurs** sur la **vie** sont soumis par les articles 37 de la loi du 5 juin 1850, 8 de la loi du 29 décembre 1884 et 16 de la loi du 18 avril 1898, est élevé à **4 fr. par 1.000 fr.** du total des **versements** faits chaque année aux sociétés, compagnies et assureurs ou des capitaux encaissés comme prix de la constitution de rentes viagères, sans addition de décimes.

Art. 21. — Les dispositions des alinéas 1, 5, 6 et 7 de l'article 8 de la loi du 29 décembre 1884 s'appliqueront aux sociétés, compagnies d'assurances et tous autres assureurs contre les **accidents corporels** ou les accidents ou **risques matériels.**

Le taux de la taxe annuelle et obligatoire d'abonnement au timbre est fixé à **4 fr. par 1.000 fr.**, sans addition de décimes, du total des versements faits chaque année aux sociétés, compagnies et autres assureurs.

Art. 22. — Les dispositions de l'article 19 relatives au droit de **timbre de dimension** entreront en vigueur le **1er août 1918** et celles des articles 20 et 21 relatives aux taxes annuelles **d'abonnement au timbre**, le **1er juillet 1918.**

Eaux-de-vie. — Liqueurs

Art. 24. — Est complété comme suit l'article 1er de la loi du 22 mars 1918 :

« La taxe est portée à **20 %** sur les **eaux-de-vie, liqueurs, apéritifs, vins de liqueurs**, figurant sous le n° 9 au tableau A annexé à la présente loi. Elle sera perçue sur les ventes faites soit aux débitants, soit directement aux consommateurs, par les **producteurs** ou **négociants en gros**. Le prix servant de base à la taxe s'entend droit de consommation compris.

« Pour les livraisons faites sans qu'il y ait vente par des maisons de commerce à des **magasins de détail** en dépendant et qu'elles approvisionnent directement, les prix sur lesquels sera calculée la taxe de 20 % prévue au paragraphe précédent sont ceux de la vente au détail dans ces magasins, **atténués de 25 %**. »

Droit de statistique

Art. 25. — Le taux du **droit de statistique** établi par l'article 3 de la loi du 22 janvier 1872 et modifié par le premier paragraphe de l'article 28 de la loi du 8 avril 1910, est porté à **20 centimes** pour chaque **unité** de perception (1). Les paragraphes 2, 3 et 4 de l'article 28 de la loi susvisée du 8 avril 1910 sont maintenus en vigueur.

Art. 26. — Le droit de statistique fixé par l'article précédent est applicable aux marchandises expédiées en **colis postaux**, aux termes et dans les conditions prévues pour les marchandises transportées sous d'autres modes d'expédition.

Vins. — Cidres. — Bières

Art. 27. — Sont **élevés**, au profit exclusif du Trésor :

De **5 fr.** par **hectolitre**, le droit de circulation sur le **vin** ;
De **2 fr. 50** par **hectolitre**, le droit de circulation sur les **cidres, poirés** et **hydromels** et **piquettes** ;
De **0 fr. 80** par **degré-hectolitre**, le droit de fabrication sur les **bières**.

Chicorée

Art. 28. — Le droit de consommation sur la **chicorée** et les autres **succédanés du café**, établi par l'article 17 de la loi du 30 décembre 1916, est porté à **75 fr. les 100 kilos**.

A l'**importation**, les mélanges de chicorée et de café ou de succédanés du café acquitteront le droit de la partie la plus imposée, droit de douane et taxe intérieure cumulés.

Tous commerçants ou **dépositaires** de ces produits devront, dans les **trois jours** de la promulgation de la présente loi, faire au bureau de la régie des contributions indirectes la **déclaration** des quantités en leur possession. Ces quantités seront reprises par voie d'inventaire et passibles de la surtaxe. Un délai d'un mois sera accordé pour le paiement.

---

(1) *Le droit était de 0 fr. 15 par colis pour les marchandises emballées, de 0 fr. 15 par 1.000 kilos ou mètre cube pour marchandises en vrac, de 0 fr. 15 pour les animaux. La nomenclature des marchandises de chaque catégorie est donnée au* J. O. 20-5 1910, p. 4357.

Vinaigres et acides acétiques

Art. 29. — Le droit de consommation intérieure sur les **vinaigres** et **acides acétiques** est porté aux taux ci-après :

1° Vinaigres contenant **huit pour cent** d'acide acétique et au-dessous, **12 fr.** ; vinaigres contenant **neuf à douze pour cent** d'acide acétique, **18 fr.** ; vinaigres contenant **treize à seize** pour cent d'acide acétique, **24 fr.** en principal par hectolitre ;

2° Acides acétiques et vinaigres contenant **dix-sept à trente** pour cent d'acide, **45 fr.** ; acides acétiques et vinaigres contenant **trente et un à quarante** pour cent d'acide, **60 fr.** ; acides acétiques et vinaigres contenant plus de **quarante** pour cent d'acide, **126 fr.**, en principal, par hectolitre ;

3° **Acide acétique** cristallisé ou à l'état solide, par 100 **kilos, en principal, 150 fr.**

Transports par chemins de fer. — Impôts

Art. 30. — Sur les chemins de fer **d'intérêt général,** est élevé à 25 % l'impôt sur le prix des places de **voyageurs** et sur le prix du transport des **finances, chiens** et **bagages** (droit d'enregistrement compris).

L'impôt établi par le paragraphe précédent sera porté à **50** % en ce qui concerne les suppléments payés pour les **places de luxe.**

Sur les voies ferrées **d'intérêt local**, le même impôt est perçu au taux de **10** %, en remplacement de l'impôt prévu par l'article 28, paragraphe 2, de la loi du 26 janvier 1892. Toutefois, les concessions sur le réseau desquelles le prix des places ne dépasse pas **1 fr.,** pourront, sur leur demande, être maintenues au **droit fixe.**

Les chemins de fer électriques souterrains ou aériens de Paris restent soumis à l'impôt en vigueur.

Cet impôt ne sera pas applicable aux **abonnements ouvriers.**

Art. 31. — Les **cartes, bons et permis de circulation**, soit entièrement gratuits, soit avec réduction du prix des places, délivrés sur les grands réseaux de chemins de fer d'intérêt général, et tous autres titres concédant les mêmes avantages sont assujettis à un impôt égal au **dixième** de la valeur de **l'exemption** qu'ils établissent.

Sont exempts de cette mesure les cartes, bons et permis accordés en vertu de dispositions des cahiers des charges ou des tarifs homologués, ainsi que ceux dont bénéficient les **agents des réseaux** et leurs **familles.**

Art. 32. — Il est établi un impôt de **10** % sur le prix total des transports des marchandises (toutes taxes accessoires comprises) par chemin de fer **d'intérêt général** ou voie ferrée **d'intérêt local.**

Cet impôt et réduit à **5** % pour les **expéditions** composées exclusivement :

1° En ce qui concerne la **grande vitesse,** de denrées auxquelles s'applique le barême réduit de l'article 15 des conditions d'application du tarif général des grands **réseaux** ;

2° En ce qui concerne la **petite vitesse,** de marchandises figurant à la cinquième ou à la sixième série du **tarif général des grands réseaux.**

Art. 33. — Le **droit de timbre** de 10 centimes, auquel les bulletins d'expéditions de **colis postaux** sont assujettis par l'article 5 de la loi du 3 mars 1885, est porté à **20 centimes** pour les colis postaux de **plus de 5 kilogr.**

Art. 34. — Le **droit de timbre** des **récépissés**, bulletins d'expédition ou autres pièces en tenant lieu, délivrés par les administrations de voies ferrées **d'intérêt général ou local,** pour chacun des transports effectués en **grande** ou en **petite vitesse,** est fixé uniformément à 25 **centimes,** y compris le droit de la décharge donnée par le destinataire.

Le droit de timbre des récépissés, bulletins d'expédition ou autres pièces en tenant lieu, délvrés par les administrations des transports par **tramways,** n'est pas modifié.

Une même expédition ne peut comprendre que le chargement **d'un seul wagon,** à moins qu'il ne s'agisse d'envois indivisibles, ou qu'il n'existe, pour certains **trafics,** des prescriptions particulières.

Art. 35. — Sont soumis à un droit de timbre de **10 centimes** les **bulletins de bagages** délivrés aux voyageurs par les administrations des voies ferrées **d'intérêt général** ou **local.**

Licences des débitants

Art. 37. — Les **débitants** d'eau-de-vie, liqueurs, apéritifs, vins de liqueurs ou d'imitation, vermouths et **autres boissons spiritueuses** de toute nature, ne seront **plus astreints** au payement des licences établies par la loi du 29 décembre 1900.

Les licences des débitants ci-dessus désignés sont fixées conformément au tarif ci-après (par trimestre):

Communes de 1.000 habitants et au-dessus	12 50
Communes de **1.001** à **10.000** habitants	**25** »
Communes de **10.001** à **50.000 habitants**	**37 50**
Communes de plus de **50.000 habitants**	**62 50**

Sucre, Mélasse, Glucose, Saccharine

Art. 38. — Sont majorés de **15** % les droits sur les **sucres** de toute origine, **mélasses** et **glucoses**, et de **60** % les droits sur la **saccharine** et **autres** substances édulcorantes artificielles, tels qu'ils ont été établis par l'article 20 de la loi du 30 décembre 1916 et l'article unique de la loi du 7 avril 1917.

La majoration de tarif sera appliquée aux produits libérés d'impôt existant au moment de la promulgation de la présente loi, en la possession de tous commerçants ou dépositaires.

Ces quantités devront faire, dans les **trois jours** de la promulgation de la présente loi, l'objet d'une **déclaration** au bureau de la régie des contributions indirectes. Elles seront reprises par voie d'inventaire et immédiatement soumises à la surtaxe. Un délai **d'un mois** est accordé pour le payement.

Toute quantité non déclarée donnera lieu au payement, en sus de la surtaxe, d'une amende double de ladite surtaxe.

Sont **dispensés** de la déclaration les détenteurs de quantités ne dépassant pas **500 kilogr.** de sucre ou **1 kilogr.** de saccharine ou autres substances édulcorantes artificielles.

www.ingramcontent.com/pod-product-compliance
Lightning Source LLC
LaVergne TN
LVHW010337230826
846091LV00009B/3905